ମାଥିଆସ୍ ଫିଡଲର୍

ରିଅଲ୍ ଇଷ୍ଟେଟ୍ ମ୍ୟାଚିଙ୍ଗ୍ ର ଅଭିନବ ଧାରଣା ଦି କନ୍ସେପ୍ଟ ଅଫ୍ ଇନୋଭେଟିଭ୍ ରିଅଲ୍ ଇଷ୍ଟେଟ୍ ମ୍ୟାଚିଙ୍ଗ୍ ରିଅଲ୍ ଇଷ୍ଟେଟ୍ ବ୍ରୋକରେଜ୍   କୁ ସହଜ କରିବା: (ରିଅଲ୍ ଇଷ୍ଟେଟ୍ ବ୍ରୋକରେଜ୍ ମେଡ୍ ଇଜି)

ରିଅଲ୍ ଇଷ୍ଟେଟ୍ ମ୍ୟାଚିଙ୍ଗ୍: ଗୋଟିଏ ଅଭିନବ ରିଅଲ୍ ଇଷ୍ଟେଟ୍ ମ୍ୟାଚିଙ୍ଗ୍ ପୋର୍ଟାଲ୍ ସହ ଦକ୍ଷ, ସହଜ ଏବଂ ପେସାଦାର ରିଅଲ୍ ଇଷ୍ଟେଟ୍ ବ୍ରୋକରେଜ୍

ବିବରଣୀ ପ୍ରକାଶନ-ଇମ୍ପ୍ରେସମ୍ | ଆଇନଗତ ବିଜ୍ଞପ୍ତି

1.ଛପାବହିର ସଂସ୍କରଣ | ଫେବ୍ରୁଆରୀ 2017
(ମୂଳତଃ ଜର୍ମାନୀରେ ପ୍ରକାଶିତ, ଡିସେମ୍ବର 2016)

ମାଥିଆସ୍ ଫିଡଲର୍
ଏରିକା-ଭନ୍-ବ୍ରକ୍‌ଡର୍ଫ୍-ଷ୍ଟ୍ରିଟ୍. 19
41352 କୋର୍ସେନ୍‌ବ୍ରୋଇକ୍
ଜର୍ମାନୀ
www.matthiasfiedler.net

ମୁଦ୍ରଣ ଏବଂ ଉତ୍ପାଦନ:
ଶେଷ ପୃଷ୍ଠାର ଛପା ଦେଖିବା

କଭର୍ ଡିଜାଇନ୍: ମାଥିଆସ୍ ଫିଡଲର୍
ଇ-ବୁକ୍ ର ପ୍ରସ୍ତୁତି: ମାଥିଆସ୍ ଫିଡଲର୍

ଆଇଏସ୍‌ବିଏନ୍-13 (ପେପରବ୍ୟାକ୍): 978-3-947184-66-8
ଆଇଏସ୍‌ବିଏନ୍-13 (ଇ-ବୁକ୍ ମୋବି): 978-3-947128-52-5
ଆଇଏସ୍‌ବିଏନ୍-13 (ଇ-ବୁକ୍ ଇପବ୍): 978-3-947128-53-2

ଡଏଷ୍ଟେ ନେସନାଲ୍‌ବିବିଲିଓଥେକ୍ ଡଏଷ୍ଟେ ନେସନାଲ୍‌ବିବିଲିଓଗ୍ରାଫିରେ ପ୍ରକାଶନକୁ ରେକର୍ଡ କରାଯାଏ; ଇଣ୍ଟର୍ନେଟ୍ ରେ ବିବିଲିଓଗ୍ରାଫିକ୍ ତଥ୍ୟର ବିଶଦ ବିବରଣୀ http://dnb.d-nb.de ରେ ଉପଲବ୍ଧ |

ସାରାଂଶ

ବିଶ୍ୱବ୍ୟାପୀ ରିଅଲ୍ ଇଷ୍ଟେଟ୍ ମ୍ୟାଚିଙ୍ଗ୍ ପୋର୍ଟାଲ୍ (ଆପ୍) ବିଚାରଣୀୟ ସମ୍ଭାବିତ ବିକ୍ରି (ବିଲିୟନ୍ ଡଲାର) ସହିତ ଏହି ବହିର କ୍ରାନ୍ତିକାରୀ ଧାରଣା ସ୍ପଷ୍ଟ, ଯାହାକି ଏକ ରିଅଲ୍ ଇଷ୍ଟେଟ୍ ଆସେସ୍‌ମେଣ୍ଟ (ଟ୍ରିଲିୟନ୍ ଡଲାର୍ ବିକ୍ରି କ୍ଷମତା) ସହିତ ରିଅଲ୍ ଇଷ୍ଟେଟ୍ ଏଜେନ୍ସି ସଫ୍ଟଓୟାର୍‌କୁ ଐକ୍ୟବଦ୍ଧ କରେ | ଏହାର ଅର୍ଥ ଆବସିକ ଏବଂ ବ୍ୟବସାୟୀକ ରିଅଲ୍ ଇଷ୍ଟେଟ୍, ମାଲିକ ଅଧିକୃତ କିମ୍ବା ଭଡା ଦିଆଯାଇଥିବା, ଉପଯୁକ୍ତ ଦଲାଲ ମାନଙ୍କ ଦ୍ୱାରା ଏବଂ କମ ସମୟ ମଧ୍ୟରେ ଦିଆଯାଏ | ସମସ୍ତ ରିଅଲ୍ ଇଷ୍ଟେଟ୍ ଏଜେଣ୍ଟ ଏବଂ ସମ୍ପତ୍ତି ମାଲିକ ଙ୍କ ପାଇଁ ଏହା ଅଭିନବ ଏବଂ ପେସାଦାର ରିଅଲ୍ ଇଷ୍ଟେଟ୍ ଦଲାଲି ର ଭବିଷ୍ୟତ | ରିଅଲ୍ ଇଷ୍ଟେଟ୍ ମ୍ୟାଚିଙ୍ଗ୍ ପ୍ରାୟତଃ ସମସ୍ତ ଦେଶ ଏବଂ ଦେଶ ବାହାରେ କାର୍ଯ୍ୟ କରେ |

କ୍ରେତା କିମ୍ବା ରେଣ୍ଟର୍ ମାନଙ୍କ ନିକଟକୁ ସମ୍ପତ୍ତି ଗୁଡିକ "ଆଣିବା" ବଦଳରେ, ଗୋଟିଏ ରିଅଲ୍ ଇଷ୍ଟେଟ୍ ମ୍ୟାଚିଙ୍ଗ୍ ପୋର୍ଟାଲ୍ ସହିତ, ସମ୍ଭାବିତ କ୍ରେତା କିମ୍ବା ରେଣ୍ଟର୍ ଯୋଗ୍ୟ(ସର୍ଚ ପ୍ରୋଫାଇଲ୍) ହୋଇପାରିବେ ଏବଂ ତାପରେ ରିଅଲ୍ ଇଷ୍ଟେଟ୍ ଏଜେଣ୍ଟ ଦ୍ଵାରା ପ୍ରଦତ୍ତ ସମ୍ପତ୍ତି ର ମେଳ ଏବଂ ସଂଯୋଗ କରାଯାଏ |

ବିଷୟବସ୍ତୁ

ମୁଖବନ୍ଧ

2011 ରେ ମୁଁ ଏକ ଅଭିନବ ରିଅଲ୍ ଇଷ୍ଟେଟ୍ ମ୍ୟାଚିଙ୍ଗ୍ ପଦ୍ଧତି ପାଇଁ ଏଠାରେ ବର୍ଣ୍ଣନା କରିଥିବା ଧାରଣାକୁ ନେଇଥିଲି ଓ ବିକାଶ କରିଥିଲି |

1998 ରୁ ମୁଁ ରିଅଲ୍ ଇଷ୍ଟେଟ୍ ବ୍ୟବସାୟ ରେ ଜଡିତ ଅଛି(ରିଅଲ୍ ଇଷ୍ଟେଟ୍ ବ୍ରୋକରେଜ୍, କ୍ରୟ ଏବଂ ବିକ୍ରୟ,ମୂଲ୍ୟାୟନ,ଭଡା, ଏବଂ ସଂପତ୍ତି ବିକାଶ ଅନ୍ତର୍ଭୁକ୍ତ) | ମୁଁ ଜଣେ ରିଅଲ୍‌ଟର୍ (ଆଇଏଏଚକେ), ରିଅଲ୍ ଇଷ୍ଟେଟ୍ ଅର୍ଥନୀତିଜ୍ଞ (ଏଡିଆଇ) ଏବଂ ସାର୍ଟିଫିକେଟ୍ ପ୍ରାପ୍ତ ରିଅଲ୍ ଇଷ୍ଟେଟ୍ ମୂଲ୍ୟାଙ୍କନ ବିଶେଷଜ୍ଞ (ଡିଇକେଆର୍‌ଏ) ତଥା ଆନ୍ତର୍ଜାତିୟ ଭାବେ ଚିହ୍ନିତ ରିଅଲ୍ ଇଷ୍ଟେଟ୍ ଆସୋସିଏସନ୍ ରୟାଲ୍ ଇନ୍‌ଷ୍ଟିଚ୍ୟୁସନ୍ ଅଫ୍ ଚାଟର୍ଡ ସର୍ଭେୟର୍ସ (ଏମ୍‌ଆର୍‌ଆଇସିଏସ୍)ର ସଭ୍ୟ |

ମାଥିଆସ୍ ଫିଡଲର୍

କୋର୍ସେନେ୍‌ବ୍ରାଇକ୍, 10/31/2016

www.matthiasfiedler.net

1. ରିଅଲ୍ ଇଷ୍ଟେଟ୍ ମ୍ୟାଚିଙ୍ଗ୍ ର ଅଭିନବ ଧାରଣା: (ଦି କନ୍ସେପ୍ଟ ଅଫ୍ ଇନୋଭେଟିଭ୍ ରିଅଲ୍ ଇଷ୍ଟେଟ୍ ମ୍ୟାଚିଙ୍ଗ୍:) ରିଅଲ୍ ଇଷ୍ଟେଟ୍ ବ୍ରୋକରେଜ୍‌କୁ ସହଜ କରିବା (ରିଅଲ୍ ଇଷ୍ଟେଟ୍ ବ୍ରୋକରେଜ୍ ମେଡ୍ ଇଜି)

ରିଅଲ୍ ଇଷ୍ଟେଟ୍ ମ୍ୟାଚିଙ୍ଗ୍: ଗୋଟିଏ ଅଭିନବ ରିଅଲ୍ ଇଷ୍ଟେଟ୍ ମ୍ୟାଚିଙ୍ଗ୍ ପୋର୍ଟାଲ୍ ସହ ଦକ୍ଷ, ସହଜ ଏବଂ ପେସାଦାର ରିଅଲ୍ ଇଷ୍ଟେଟ୍ ବ୍ରୋକରେଜ୍

କ୍ରେତା କିମ୍ବା ରେଣ୍ଟର୍ ମାନଙ୍କ ନିକଟକୁ ସମ୍ପତ୍ତି ଗୁଡିକ "ଆଣିବା" ବଦଳରେ ,ଗୋଟିଏ ରିଅଲ୍ ଇଷ୍ଟେଟ୍ ମ୍ୟାଚିଙ୍ଗ୍ ପୋର୍ଟାଲ୍ ସହିତ, ସମ୍ଭାବିତ କ୍ରେତା କିମ୍ବା ରେଣ୍ଟର୍ ଯୋଗ୍ୟ(ସର୍ଚ ପ୍ରୋଫାଇଲ୍) ହୋଇପାରିବେ ଏବଂ ତାପରେ ରିଅଲ୍ ଇଷ୍ଟେଟ୍ ଏଜେଣ୍ଟ ଦ୍ୱାରା ପ୍ରଦତ୍ତ ସମ୍ପତ୍ତି ର ମେଳ ଏବଂ ସଂଯୋଗ କରାଯାଏ |

2. ସମ୍ଭାବିତ କ୍ରେତା କିମ୍ବା ରେଣ୍ଟର୍ ଏବଂ ସଂପତ୍ତି ବିକ୍ରେତାଙ୍କ ଉଦ୍ଦେଶ୍ୟ

ରିଅଲ୍ ଇଷ୍ଟେଟ୍ ବିକ୍ରେତା ଓ ଜମିମାଲିକମାନଙ୍କ ଦୃଷ୍ଟିକୋଣରୁ, ସେମାନଙ୍କ ସମ୍ପତ୍ତିକୁ ଶୀଘ୍ର ଓ ସବୁଠାରୁ ଅଧିକ ସମ୍ଭାବ୍ୟ ମୂଲ୍ୟରେ ବିକ୍ରି କରିବା କିମ୍ବା ଭଡା ଲଗାଇବା ଗୁରୁତ୍ୱପୂର୍ଣ୍ଣ |

ସମ୍ଭାବ୍ୟ କ୍ରେତା ଓ ରେଣ୍ଟର୍ଙ୍କ ଦୃଷ୍ଟିକୋଣରୁ, ସେମାନଙ୍କ ଆବଶ୍ୟକତା ପୂରଣ କରୁଥିବା ଠିକ ସମ୍ପତ୍ତିକୁ ଖୋଜିବା ଓ ଯେତେ ଶୀଘ୍ର ଓ ସହଜରେ ଏହାକୁ ଭଡାରେ ନେବା ବା କ୍ରୟ କରିବା ଗୁରୁତ୍ୱପୂର୍ଣ୍ଣ |

3. ରିଅଲ୍ ଇଷ୍ଟେଟ୍ ଖୋଜିବାର ପୂର୍ବ ଉପାୟ

ସାଧାରଣତଃ, ସମ୍ଭାବ୍ୟ କ୍ରେତା ଓ ରେଣ୍ଟର୍ ସେମାନଙ୍କ ଇଚ୍ଛିତ ଅଞ୍ଚଳରେ ସମ୍ପତ୍ତି ଖୋଜିବା ପାଇଁ ଅନେକ ଅନ୍‌ଲାଇନ୍ ରିଅଲ୍ ଇଷ୍ଟେଟ୍ ପୋର୍ଟାଲ୍ ବ୍ୟବହାର କରିଥାଆନ୍ତି | ସେଠାରେ ସେମାନେ ସମ୍ପତ୍ତି ପାଇପାରନ୍ତି କିମ୍ବା ସେମାନେ ଏକ ସଂକ୍ଷିପ୍ତ ସର୍ଚ ପ୍ରୋଫାଇଲ୍ ସେଟ୍ ଅପ୍ କରିବା ପରେ ସେମାନଙ୍କୁ ସମ୍ପତ୍ତିଗୁଡିକର ପ୍ରାସଙ୍ଗିକ ଲିଙ୍କ୍ ଥିବା ଏକ ତାଲିକା ଇ-ମେଲ୍ ଦ୍ୱାରା ପଠାଯାଏ | ଏହାକୁ 2 କିମ୍ବା 3ଟି ରିଅଲ୍ ଇଷ୍ଟେଟ୍ ପୋର୍ଟାଲ୍‌ଗୁଡିକରେ ବାରମ୍ବାର କରିବାକୁ ପଡେ | ଏହା ପରେ, ବିକ୍ରେତା ସାଧାରଣତଃ ଇ-ମେଲ୍ ମାଧ୍ୟମରେ ଯୋଗାଯୋଗ ହୋଇଥାଆନ୍ତି | ଯାହା ଫଳରେ, ବିକ୍ରେତା କିମ୍ବା ଜମିମାଲିକ ଇଚ୍ଛିତ ପାର୍ଟିମାନଙ୍କ ସହ ସମ୍ପର୍କରେ ଆସିବା ପାଇଁ ସୁଯୋଗ ଓ ଅନୁମତି ପାଇଥାଆନ୍ତି |

ଏହା ସହିତ, ସମ୍ଭାବ୍ୟ କ୍ରେତା ଓ ରେଣ୍ଟର୍‌ମାନେ ତାଙ୍କ ଅଞ୍ଚଳର ରିଅଲ୍ ଇଷ୍ଟେଟ୍ ଏଜେଣ୍ଟମାନଙ୍କ ସହ ଅଲଗା ଅଲଗା ଯୋଗାଯୋଗ କରିଥାଆନ୍ତି ଓ ସେମାନଙ୍କ ପାଇଁ ଏକ ସର୍ଚ ପ୍ରୋଫାଇଲ୍ ଖୋଲାଯାଏ |

ରିଅଲ୍ ଇଷ୍ଟେଟ୍ ପୋର୍ଟାଲ୍‌ଗୁଡିକରେ ପ୍ରଦାନକାରୀମାନେ ଉଭୟ ବେସରକାରୀ ଓ ବ୍ୟବସାୟିକ ରିଅଲ୍ ଇଷ୍ଟେଟ୍ ସେକ୍ଟରରୁ ଆସିଥାଆନ୍ତି |

ବ୍ୟବସାୟିକ ପ୍ରଦାନକାରୀମାନେ ମୁଖ୍ୟତଃ ହେଉଛନ୍ତି ରିଅଲ୍ ଇଷ୍ଟେଟ୍ ଏଜେଣ୍ଟ ଓ କିଛି କ୍ଷେତ୍ରରେ ଏମାନେ କନ୍‌ଷ୍ଟ୍ରକ୍ସନ୍ କମ୍ପାନୀ, ରିଅଲ୍ ଇଷ୍ଟେଟ୍ ବ୍ରୋକର୍ ଓ ଅନ୍ୟ ରିଅଲ୍ ଇଷ୍ଟେଟ୍ କମ୍ପାନୀ ହୋଇଥାଆନ୍ତି (ଏହି ଲେଖାରେ, ରିଅଲ୍ ଇଷ୍ଟେଟ୍ ଏଜେଣ୍ଟଙ୍କୁ ବ୍ୟବସାୟିକ ପ୍ରଦାନକାରୀ ଭାବେ ସୂଚାଯିବ) |

4. ବେସରକାରୀ ବିକ୍ରେତା ଙ୍କ ଅସୁବିଧା / ରିଅଲ୍ ଇଷ୍ଟେଟ୍ ଏଜେଣ୍ଟଙ୍କ ସୁବିଧା

ବିକ୍ରି ପାଇଁ ଥିବା ରିଅଲ୍ ଇଷ୍ଟେଟ୍ ସମ୍ପତ୍ତିଗୁଡିକରେ, ବେସରକାରୀ ବିକ୍ରେତାମାନେ ସଙ୍ଗେସଙ୍ଗେ ବିକ୍ରି ହେବାର ଗ୍ୟାରେଣ୍ଟୀ ସବୁବେଳେ ଦେଇପାରନ୍ତି ନାହିଁ | ଉଦାହରଣ ସ୍ୱରୂପ ଦାୟାଧିକାର ସମ୍ପତ୍ତି କ୍ଷେତ୍ରରେ, ଦାୟାଦମାନଙ୍କ ମଧ୍ୟରେ ତାଳମେଳ ନଥାଇପାରେ କିମ୍ବା ଦାୟାଧିକାର ପ୍ରମାଣପତ୍ର ହଜିଯାଇଥାଏ | ଏହା ସହ, ନିବାସର ଅଧିକାର ଭଳି ଅସ୍ପଷ୍ଟ ଆଇନଗତ ସମସ୍ୟାଗୁଡିକ ବିକ୍ରିକୁ ଜଟିଳ କରିପାରେ |

ଭଡା ଥିବା ସମ୍ପତ୍ତି ପାଇଁ, ଏପରି ହୋଇପାରେ ଯେ ବେସରକାରୀ ଜମି ମାଲିକମାନେ ଔପଚାରିକ ଅନୁମୋଦନ ବା ଅଫିସିଆଲ୍ ପର୍ମିଟ୍ ପାଇନଥାନ୍ତି, ଉଦାହରଣ ସ୍ୱରୂପ ଯେଉଁମାନେ ଏକ ବ୍ୟବସାୟିକ ସ୍ଥାନକୁ ନିବାସ ଭବେ ଭଡା ଦେବାକୁ ଚାହୁଁଛନ୍ତି |

ଯେତେବେଳେ ଜଣେ ରିଅଲ୍ ଇଷ୍ଟେଟ୍ ଏଜେଣ୍ଟ ଏକ ପ୍ରଦାନକାରୀ ଭାବେ କାମ କରନ୍ତି, ସେ ସାଧାରଣତଃ ପୂର୍ବରେ ଉଲ୍ଲେଖ ଥିବା ବିଷୟଗୁଡିକ ନିଶ୍ଚିତ କରିସାରିଥାଆନ୍ତି | ଆହୁରି ମଧ୍ୟ, ସମସ୍ତ ପ୍ରାସଙ୍ଗିକ ରିଅଲ୍ ଇଷ୍ଟେଟ୍ ଦସ୍ତାବିଜ (ଫ୍ଲୋର୍ ପ୍ଲାନ୍, ସାଇଟ୍ ପ୍ଲାନ୍, ଏନର୍ଜି କ୍ଲାରିଫିକେସନ୍, ଟାଇଟେଲ୍

ରେଜିଷ୍ଟର୍, ଅଫିସିଆଲ୍ ଡକୁମେଣ୍ଟ ଇତ୍ୟାଦି) ସାଧାରଣତଃ ପୂର୍ବରୁ ଉପଲବ୍ଧ

ଥାଏ | ଯାହା ଫଳରେ, ବିକ୍ରି କିମ୍ବା ଭଡା ଦେବା ଶୀଘ୍ର ଓ ଜଟିଳତା ବିନା

ସମ୍ପୂର୍ଣ୍ଣ ହୋଇପାରେ |

5. ରିଅଲ୍ ଇଷ୍ଟେଟ୍ ମ୍ୟାଚିଙ୍ଗ୍

ଇଚ୍ଛିତ କ୍ରେତା କିମ୍ବା ରେଣ୍ଟର୍‌ମାନଙ୍କୁ ବିକ୍ରେତା କିମ୍ବା ଜମିମାଲିକଙ୍କ ସହ ଯେତେ ସମ୍ଭବ ଶୀଘ୍ର ଓ ପ୍ରଭାବୀ ଭାବେ ମେଳ କରିବା ପାଇଁ, ଏକ ପ୍ରଣାଳୀବଦ୍ଧ ଓ ପେସାଦାର ଉପାୟ ଅବଲମ୍ବନ କରିବା ଗୁରୁତ୍ୱପୂର୍ଣ୍ଣ | ଏହା ଏଠାରେ ଏକ ଉପାୟ (କିମ୍ବା ପ୍ରକ୍ରିୟା)ରେ କରାଯାଏ ଯାହା ରିଅଲ୍ ଇଷ୍ଟେଟ୍ ଏଜେଣ୍ଟ ଓ ଇଚ୍ଛିତ ପାର୍ଟିମାନଙ୍କ ମଧ୍ୟରେ ଖୋଜିବା ଓ ପାଇବା ପ୍ରକ୍ରିୟାର ଓଲଟା ଆଡେ ଧ୍ୟାନ ଦେଇଥାଏ | ଏହାର ଅର୍ଥ କ୍ରେତା କିମ୍ବା ରେଣ୍ଟର୍ ମାନଙ୍କ ନିକଟକୁ ସମ୍ପତ୍ତି ଗୁଡିକ "ଆଣିବା" ବଦଳରେ ,ଗୋଟିଏ ରିଅଲ୍ ଇଷ୍ଟେଟ୍ ମ୍ୟାଚିଙ୍ଗ୍ ପୋର୍ଟାଲ୍ ସହିତ, ସମ୍ଭାବିତ କ୍ରେତା କିମ୍ବା ରେଣ୍ଟର୍ ଯୋଗ୍ୟ(ସର୍ଚ ପ୍ରୋଫାଇଲ୍) ହୋଇପାରିବେ ଏବଂ ତାପରେ ରିଅଲ୍ ଇଷ୍ଟେଟ୍ ଏଜେଣ୍ଟ ଦ୍ୱାରା ପ୍ରଦତ୍ତ ସମ୍ପତ୍ତିର ମେଳ ଏବଂ ସଂଯୋଗ କରାଯାଏ |

ପ୍ରଥମ ସୋପାନରେ, ସମ୍ଭାବ୍ୟ କ୍ରେତା କିମ୍ବା ରେଣ୍ଟର୍‌ମାନେ ରିଅଲ୍ ଇଷ୍ଟେଟ୍ ମ୍ୟାଚିଙ୍ଗ୍ ପୋର୍ଟଲରେ ଏକ ବିଶେଷ ସର୍ଚ ପ୍ରୋଫାଇଲ୍ ସେଟ୍ ଅପ୍ କରନ୍ତି | ସର୍ଚ ପ୍ରୋଫାଇଲରେ ପ୍ରାୟ 20ଟି ବିଶେଷତା ଅନ୍ତର୍ଭୁକ୍ତ କରାଯାଇଛି | ନିମ୍ନ

ବିଶେଷତାଗୁଡିକ ଅନ୍ତର୍ଭୁକ୍ତ କରାଯାଇପାରେ (ସମ୍ପୂର୍ଣ୍ଣ ତାଲିକା ନୁହେଁ) ଓ ସର୍ଚ ପ୍ରୋଫାଇଲ୍ ପାଇଁ ଗୁରୁତ୍ୱପୂର୍ଣ୍ଣ

- ଅଞ୍ଚଳ / ପୋଷ୍ଟାଲ୍ କୋଡ୍ / ସହର
- ଜିନିଷର ପ୍ରକାର
- ସମ୍ପତ୍ତିର ଆକାର
- ରହିବା ସ୍ଥାନ
- କ୍ରୟ ମୂଲ୍ୟ / ଭଡା
- ନିର୍ମାଣ ବର୍ଷ
- ମହଲା
- ପ୍ରକୋଷ୍ଠ ସଂଖ୍ୟା
- ଭଡା ଅଛି (ହଁ/ନା)
- ବେସମେଣ୍ଟ (ହଁ/ନା)
- ବାଲକୋନୀ/ଟେରାସ୍ (ହଁ/ନା)
- ଉତ୍ତାପର ପଦ୍ଧତି
- ପାର୍କିଙ୍ଗ ସ୍ଥାନ (ହଁ/ନା)

ଏଠାରେ ଗୁରୁତ୍ୱପୂର୍ଣ୍ଣ ହେଉଛି ଏହାକୁ ମାନୁଆଲ୍ ଭାବେ ଏଣ୍ଟର୍ କରାଯିବ ନାହିଁ, ଏହା ବଦଳରେ ଏକ ପୂର୍ବନିର୍ଦ୍ଧାରିତ ସମ୍ଭାବ୍ୟ/ବିକଳ୍ପ (ଯେପରି ସମ୍ପତ୍ତିର ପ୍ରକାର ପାଇଁ: ଆପାର୍ଟମେଣ୍ଟ, ସିଙ୍ଗଲ୍ ଫ୍ୟାମିଲି ହୋମ୍, ୱେୟାର୍‌ହାଉସ, ଅଫିସ୍ ଇତ୍ୟାଦି)ରୁ ପ୍ରାସଙ୍ଗିକ ସ୍ଥାନ (ଯେପରି ସମ୍ପତ୍ତିର ପ୍ରକାର) ରେ କ୍ଲିକ୍ କରି କିମ୍ବା ଖୋଲି ଚୟନ କରାଯାଏ |

ଯଦି ଚାହିଁବେ, ଇଚ୍ଛିତ ପାର୍ଟିମାନେ ଅତିରିକ୍ତ ସର୍ଚ୍ଚ ଫୋଫାଇଲ୍ ସେଟ୍ ଅପ୍ କରିପାରିବେ | ସର୍ଚ୍ଚ ପ୍ରୋଫାଇଲ୍ ରେ ସଂଶୋଧନ ମଧ୍ୟ ସମ୍ଭବ |

ଏହା ସହିତ, ସମ୍ଭାବ୍ୟ କ୍ରେତା କିମ୍ବା ରେଣ୍ଟର୍‌ମାନେ ସେମାନଙ୍କର ସମ୍ପୂର୍ଣ୍ଣ ଯୋଗାଯୋଗ ବିବରଣୀ ଉଲ୍ଲିଖିତ ସ୍ଥାନରେ ଏଣ୍ଟର୍ କରିପାରିବେ | ଏଥିରେ, ଶେଷ ନାମ, ପ୍ରଥମ ନାମ, ଗଳି, ଘର ନମ୍ବର, ପୋଷ୍ଟାଲ୍ କୋଡ୍, ସହର, ଟେଲିଫୋନ୍ ଓ ଇ-ମେଲ୍ ଠିକଣା ଅନ୍ତର୍ଭୁକ୍ତ |

ଏହି ପ୍ରସଙ୍ଗରେ, ଇଚ୍ଛିତ ପାର୍ଟି ଯୋଗାଯୋଗ ମାଧ୍ୟମରେ ରିଅଲ୍ ଇଷ୍ଟେଟ୍ ଏଜେଣ୍ଟମାନଙ୍କ ଠାରୁ ମେଳ ଖାଉଥିବା ସମ୍ପତ୍ତି ଗ୍ରହଣ କରିବା ପାଇଁ ସେମାନଙ୍କର ସମ୍ମତି ପ୍ରଦାନ କରିଥାଆନ୍ତି |

ଇଚ୍ଛିତ ପାର୍ଟିମାନେ ଏତଦ୍ୱାରା ରିଅଲ୍ ଇଷ୍ଟେଟ୍ ମ୍ୟାଚିଙ୍ଗ୍ ପୋର୍ଟଲ୍‌ର ଅପରେଟର୍‌ଙ୍କ ସହ ଏକ ଚୁକ୍ତିରେ ମଧ୍ୟ ପ୍ରବେଶ କରିଥାଆନ୍ତି |

ପରବର୍ତ୍ତୀ ସୋପାନରେ, ଏକ ଆପ୍ଲିକେସନ୍ ପ୍ରୋଗ୍ରାମିଙ୍ଗ୍ ଇଣ୍ଟର୍ଫେସ୍ ମାଧ୍ୟମରେ ସଂଯୁକ୍ତ ଥିବା ରିଅଲ୍ ଇଷ୍ଟେଟ୍ ଏଜେଣ୍ଟମାନଙ୍କ ନିକଟରେ ସର୍ଚ ପ୍ରୋଫାଇଲ୍‌ଗୁଡିକ ଉପଲବ୍ଧ କରାଯାଏ, ଯାହା ଦୃଶ୍ୟମାନ ହୁଏ ନାହିଁ- ଉଦାହରଣ ସ୍ୱରୂପ ଜର୍ମାନ୍ ପ୍ରୋଗ୍ରାମିଙ୍ଗ୍ ଇଣ୍ଟର୍ଫେସ୍ "ଓପନିମୋ" | ଏଠାରେ ଏହା ନୋଟ୍ କରିବା ଆବଶ୍ୟକ ଯେ ଏହି ପ୍ରୋଗ୍ରାମିଙ୍ଗ୍ ଇଣ୍ଟର୍ଫେସ୍- ଯାହା କି ସମସ୍ତ କାର୍ଯ୍ୟାନ୍ୱୟନର ମୁଖ୍ୟ- ବର୍ତ୍ତମାନରେ ବ୍ୟବହାର କରାଯାଉଥିବା ପ୍ରାୟ ସମସ୍ତ ରିଅଲ୍ ଇଷ୍ଟେଟ୍ ସଫ୍ଟଓୟାର୍ ସମାଧାନକୁ ସମର୍ଥନ କରିବା ବା ସ୍ଥାନାନ୍ତର ଗ୍ୟାରେଣ୍ଟୀ କରିବା ଆବଶ୍ୟକ | ଯଦି ଏପରି ହୁଏନାହିଁ, ଏହା ଟେକ୍ନୋଲୋଜିକାଲି ସମ୍ଭବ କରାଯିବା ଆବଶ୍ୟକ | କାରଣ ଉପରେ ଉଲ୍ଲିଖିତ "ଓପନିମୋ" ତଥା ଅନ୍ୟ ଭଳି ପ୍ରୋଗ୍ରାମିଙ୍ଗ୍ ଇଣ୍ଟର୍ଫେସ୍ ପୂର୍ବରୁ ବ୍ୟବହାର ହେଉଛି, ତେଣୁ ସର୍ଚ ପ୍ରୋଫାଇଲ୍ ସ୍ଥାନାନ୍ତର କରିବା ଆବଶ୍ୟକତା ସମ୍ଭବ |

ବର୍ତ୍ତମାନ ରିଅଲ୍ ଇଷ୍ଟେଟ୍ ଏଜେଣ୍ଟମାନେ ପ୍ରୋଫାଇଲ୍‌ଗୁଡିକୁ ବର୍ତ୍ତମାନ ବଜାରରେ ଥିବା ସେମାନଙ୍କ ସମ୍ପତ୍ତିଗୁଡିକ ସହ ତୁଳନା କରିବେ | ଏହି ଉଦ୍ଦେଶ୍ୟ ପାଇଁ, ସମ୍ପତ୍ତିଗୁଡିକ ରିଅଲ୍ ଇଷ୍ଟେଟ୍ ମ୍ୟାଚିଙ୍ଗ୍ ପୋର୍ଟାଲରେ ଅପଲୋଡ୍ ହୁଏ ଓ ପ୍ରାସଙ୍ଗିକ ବିଶେଷତାଗୁଡିକ ସହ ତୁଳନା କରାଯାଇ ଲିଙ୍କ୍ କରାଯାଏ |

ତୁଳନା ସରିବା ପରେ, କେତେ ପ୍ରତିଶତ ମେଳ ହେଲା ତାହାର ଏକ ରିପୋର୍ଟ ତିଆରି ହୋଇଥାଏ | 50% ମେଳ ଖାଇବାରୁ ଆରମ୍ଭ କରି, ସର୍ଚ୍ଚ ପ୍ରୋଫାଇଲ୍ ରିଅଲ୍ ଇଷ୍ଟେଟ୍ ଏଜେନ୍ସି ସଫ୍ଟଓୟାର୍‌ରେ ଦୃଶ୍ୟମାନ କରାଯାଏ |

ଅଲଗା ଅଲଗା ବିଶେଷତାଗୁଡିକ ପରସ୍ପର ମଧ୍ୟରେ ଗୁରୁତ୍ୱର ତୁଳନା କରାଯାଏ (ପଏଣ୍ଟ ସିଷ୍ଟମ୍) ଯାହା ଦ୍ୱାରା ବିଶେଷତା ତୁଳନା କରାଯିବା ପରେ ଏକ ମେଳ ହୋଇଥିବା ପ୍ରତିଶତ (ଏକ ମେଳର ସମ୍ଭାବ୍ୟତା) ନିର୍ଦ୍ଧାରଣ କରାଯାଏ | ଉଦାହରଣ ସ୍ୱରୂପ, "ସମ୍ପତ୍ତି ପ୍ରକାର" ବିଶେଷତା "ରହିବା ସ୍ଥାନ" ବିଶେଷତା ଠାରୁ ଅଧିକ ଗୁରୁତ୍ୱପୂର୍ଣ୍ଣ | ଏହା ସହ, ସମ୍ପତ୍ତିରେ ନିଶ୍ଚିତ ଭାବେ ରହିବା ଆବଶ୍ୟକ ଥିବା କିଛି ବିଶେଷତା (ଯେପରି ବେସମେଣ୍ଟ) ଚୟନ କରାଯାଇପାରିବ |

ମେଳ କରିବା ପାଇଁ ତୁଳନା କରିବା ପ୍ରକ୍ରିୟା ଚାଲିବା ସମୟରେ, ରିଅଲ୍ ଇଷ୍ଟେଟ୍ ଏଜେଣ୍ଟ ମାନେ ଯେପରି କେବଳ ସେମାନଙ୍କର ଇଚ୍ଛିତ (ବୁକ୍ କରିଥିବା) ଅଞ୍ଚଳ ଆକ୍ସେସ୍ କରିବେ ତାହା ସୁନିଶ୍ଚିତ କରିବା ଆବଶ୍ୟକ | ଏହା ତଥ୍ୟ ତୁଳନା କରିବା କଷ୍ଟକୁ କମାଇଥାଏ | ଯେହେତୁ ରିଅଲ୍ ଇଷ୍ଟେଟ୍ ଏଜେନ୍ସିଗୁଡିକ ପ୍ରାୟତଃ ଆଞ୍ଚଳିକ ଭାବେ କାମ କରନ୍ତି ସେଥିପାଇଁ ଏଗୁଡିକ ବିଶେଷ ଭାବେ ଗୁରୁତ୍ୱପୂର୍ଣ୍ଣ ହୋଇଥାଏ | ଏଠାରେ ଏହା ଉଲ୍ଲେଖ କରିବା ଆବଶ୍ୟକ ଯେ କ୍ଲାଉଡ୍ ସଲ୍ୟୁସନ୍ସ ମାଧ୍ୟମରେ ଆଜି ବଡ ପରିମାଣର ତଥ୍ୟ ଷ୍ଟୋର୍ ଓ ପ୍ରକ୍ରିୟାକରଣ କରିବା ସମ୍ଭବ |

ପେସାଦାର ରିଅଲ୍ ଇଷ୍ଟେଟ୍ ବ୍ରୋକରେଜ୍ ଗ୍ୟାରେଣ୍ଟୀ ଦେବା ପାଇଁ, କେବଳ ରିଅଲ୍ ଇଷ୍ଟେଟ୍ ଏଜେଣ୍ଟମାନେ ସର୍ଚ ପ୍ରୋଫାଇଲ୍ ଦେଖିପାରିବେ |

ଏହାକୁ ଶେଷ କରିବା ପାଇଁ, ରିଅଲ୍ ଇଷ୍ଟେଟ୍ ଏଜେଣ୍ଟ ମାନେ ରିଅଲ୍ ଇଷ୍ଟେଟ୍ ମ୍ୟାଚିଙ୍ଗ୍ ପୋର୍ଟାଲ୍‌ର ଅପରେଟର୍ ସହ ଏକ ଚୁକ୍ତିରେ ପ୍ରବେଶ କରନ୍ତି |

ପ୍ରାସଙ୍ଗିକ ତୁଳନା/ମେଳ ହେବା ପରେ, ରିଅଲ୍ ଇଷ୍ଟେଟ୍ ଏଜେଣ୍ଟମାନେ ଇଚ୍ଛିତ ପାର୍ଟି ଓ ଇଚ୍ଛିତ ପାର୍ଟିମାନେ ରିଅଲ୍ ଇଷ୍ଟେଟ୍ ଏଜେନ୍ସି ସହ ଯୋଗାଯୋଗ କରିପାରିବେ | ଯଦି ରିଅଲ୍ ଇଷ୍ଟେଟ୍ ଏଜେଣ୍ଟ ସମ୍ଭାବ୍ୟ କ୍ରେତା କିମ୍ବା ରେଣ୍ଟର୍‌ଙ୍କୁ ଏକ ରିପୋର୍ଟ ପଠାନ୍ତି, ଏହାର ଅର୍ଥ ଏହା ମଧ୍ୟ ହୋଇପାରେ ଯେ ବିକ୍ରି କିମ୍ବା ଲିଜ୍ ଶେଷ ହେବା କ୍ଷେତ୍ରରେ ଏକ କ୍ରିୟାକଳାପ ରିପୋର୍ଟ କିମ୍ବା ରିଅଲ୍ ଇଷ୍ଟେଟ୍ କମିସନ୍ ପାଇଁ ଜଣେ ଏଜେଣ୍ଟଙ୍କ ଦାବିର ଦସ୍ତାବିଜ କରାଯାଇଛି |

ଏହି ସର୍ତ୍ତରେ ହେବ ଯେ ସମ୍ପତ୍ତି ମାଲିକ (ବିକ୍ରେତା କିମ୍ବା ଜମିମାଲିକ) ସମ୍ପତ୍ତିର ସ୍ଥାପନ ପାଇଁ ରିଅଲ୍ ଇଷ୍ଟେଟ୍ ଏଜେଣ୍ଟଙ୍କୁ ଭଡା ଲଗାଇଛନ୍ତି କିମ୍ବା ସମ୍ପତ୍ତି ପ୍ରଦାନ କରିବା ପାଇଁ ସେମାନଙ୍କ ଦ୍ୱାରା ସମ୍ମତି ମଞ୍ଜୁର କରାଯାଇଛି |

୬. ପ୍ରୟୋଗର ପରିସର

ଏଠାରେ ବର୍ଣ୍ଣନା କରାଯାଇଥିବା ରିଅଲ୍ ଇଷ୍ଟେଟ୍ ମ୍ୟାଚିଙ୍ଗ୍ ଆବାସିକ କିମ୍ବା ବ୍ୟବସାୟିକ ସେକ୍ଟର୍ ରେ ରିଅଲ୍ ଇଷ୍ଟେଟ୍ ବିକ୍ରି କରିବା କିମ୍ବା ଭଡା ଦେବା ପାଇଁ ପ୍ରଯୁଜ୍ୟ | ବ୍ୟବସାୟିକ ରିଅଲ୍ ଇଷ୍ଟେଟ୍ ପାଇଁ, ସେଗୁଡିକର ଅତିରିକ୍ତ ରିଅଲ୍ ଇଷ୍ଟେଟ୍ ବିଶେଷତାଗୁଡିକ ଆବଶ୍ୟକ |

ରିଅଲ୍ ଇଷ୍ଟେଟ୍ ଏଜେଣ୍ଟ ସମ୍ଭାବ୍ୟ କ୍ରେତା କିମ୍ବା ରେଣ୍ଟର୍ମାନଙ୍କ ତରଫରୁ ମଧ୍ୟ ଥାଇପାରନ୍ତି, ଯାହା ସାଧାରଣତଃ ହୋଇଥାଏ, ଯେପରି ତାଙ୍କୁ ଗ୍ରାହକ କମିସନ୍ ଦେଇଥାଆନ୍ତି |

ଭୌଗୋଳିକ ଅଞ୍ଚଳ ଅନୁସାରେ, ରିଅଲ୍ ଇଷ୍ଟେଟ୍ ମ୍ୟାଚିଙ୍ଗ୍ ପୋର୍ଟାଲ୍ ସବୁ ଦେଶରେ ପ୍ରଯୁଜ୍ୟ |

7. ସୁବିଧା

ଏହି ରିଅଲ୍ ଇଷ୍ଟେଟ୍ ମ୍ୟାଚିଙ୍ଗ୍ ପୋର୍ଟଲ୍ ସମ୍ଭାବ୍ୟ କ୍ରେତା ଓ ବିକ୍ରେତାମାନଙ୍କୁ ଏକ ବଡ ସୁବିଧା ପ୍ରଦାନ କରେ, ସେମାନେ ନିଜର ଏକ ସ୍ଥାନ (ନିବାସ ସ୍ଥାନ) ଖୋଜନ୍ତୁ କିମ୍ବା ଚାକିରି ସମ୍ପର୍କିତ କାରଣରୁ ଅନ୍ୟ ସହର କିମ୍ବା ଅନ୍ୟ ଅଞ୍ଚଳକୁ ଯାଆନ୍ତୁ |

ଇଚ୍ଛିତ ଅଞ୍ଚଳରେ କାମ କରୁଥିବା ରିଅଲ୍ ଇଷ୍ଟେଟ୍ ଏଜେଣ୍ଟମାନଙ୍କ ଠାରୁ ମେଳ ହେଉଥିବା ସମ୍ପତ୍ତି ବିଷୟରେ ତଥ୍ୟ ପାଇବା ପାଇଁ ସେମାନଙ୍କୁ କେବଳ ଥରେ ସେମାନଙ୍କ ସର୍ଚ୍ଚ ପ୍ରୋଫାଇଲ୍ ଏଣ୍ଟର୍ କରିବାକୁ ହେବ |

ରିଅଲ୍ ଇଷ୍ଟେଟ୍ ଏଜେଣ୍ଟମାନଙ୍କ ପାଇଁ, ବିକ୍ରି ଓ ଭଡା ଦେବା ପାଇଁ ଏହା ପ୍ରଭାବୀ ଓ ସମୟ ସଞ୍ଚୟ ଭାବରେ ବଡ ସୁବିଧା ପ୍ରଦାନ କରିଥାଏ |

ଦୃଢ ଇଚ୍ଛିତ ପାର୍ଟିମାନେ ସେମାନଙ୍କ ଦ୍ଵାରା ପ୍ରଦାନ କରାଯାଉଥିବା ସମ୍ପତ୍ତିଗୁଡିକ ପାଇଁ କେତେ ସମ୍ଭାବ୍ୟ ତାହାର ଏକ ଅବଲୋକନ ସେମାନେ ସଙ୍ଗେସଙ୍ଗେ ପାଇଥାଆନ୍ତି |

ଆହୁରିମଧ୍ୟ, ରିଅଲ୍ ଇଷ୍ଟେଟ୍ ଏଜେଣ୍ଟମାନେ ସିଧାସଳଖ ସେମାନଙ୍କ ପ୍ରାସଙ୍ଗିକ ଲକ୍ଷ୍ୟ ସମୂହ ନିକଟକୁ ଆପ୍ରୋଚ୍ କରିପାରନ୍ତି, ଯେଉଁମାନେ

ସେମାନଙ୍କ ସର୍ଚ ପ୍ରୋଫାଇଲ୍ ସେଟ୍ ଅପ୍ କରିବା ପ୍ରକ୍ରିୟାରେ ସେମାନଙ୍କ "ସ୍ୱପ୍ନ"ର ସମ୍ପତ୍ତି ବିଷୟରେ କିଛି ବିଶେଷ ଭାବନା ଦେଇଛନ୍ତି | ଉଦାହରଣ ଭାବେ, ରିଅଲ୍ ଇଷ୍ଟେଟ୍ ରିପୋର୍ଟଗୁଡିକ ପଠାଇ ଯୋଗାଯୋଗ ସ୍ଥାପନା କରାଯାଇପାରିବ |

ଏହା ଇଚ୍ଛିତ ପାର୍ଟିମାନଙ୍କ ସହ ଯୋଗାଯୋଗର ଗୁଣବତ୍ତାକୁ ବଢାଇଥାଏ ଯେଉଁମାନେ ଜାଣିଥାଆନ୍ତି ସେମାନେ କଣ ଖୋଜୁଛନ୍ତି | ଏହା ଦ୍ୱାରା ମଧ୍ୟ ସମ୍ପତ୍ତି ଦେଖିବା ଆପଏଣ୍ଟମେଣ୍ଟ ସଂଖ୍ୟା କମାଇଥାଏ ଯାହା ଦ୍ୱାରା ବ୍ରୋକର୍ ହେବାକୁ ଥିବା ସମ୍ପତ୍ତି ପାଇଁ ମୋଟ ମାର୍କେଟିଙ୍ଗ ଅବଧି କମିଥାଏ |

ଥିବା ସମ୍ପତ୍ତିକୁ ସମ୍ଭାବ୍ୟ କ୍ରେତା କିମ୍ବା ରେଣ୍ଟର୍ ଦେଖିବା ପରେ, ଏକ ପାରମ୍ପାରିକ ରିଅଲ୍ ଇଷ୍ଟେଟ୍ ମାର୍କେଟିଙ୍ଗ ଭଳି କ୍ରୟ ଚୁକ୍ତି କିମ୍ବା ଲିଜ୍ ସମ୍ପୂର୍ଣ୍ଣ କରାଯାଇପାରେ |

୪. ନମୁନା ଗଣନା (ସମ୍ଭାବ୍ୟ) - କେବଳ ମାଲିକ ଦ୍ୱାରା ଅଧିକୃତ ନିବାସ କିମ୍ବା ଘର (ଭଡା ଆପାର୍ଟମେଣ୍ଟ କିମ୍ବା ଘର କିମ୍ବା ବ୍ୟବସାୟିକ ସମ୍ପତ୍ତି ବିନା)

ନିମ୍ନ ଉଦାହରଣ ରିଅଲ୍ ଇଷ୍ଟେଟ୍ ମ୍ୟାଚିଙ୍ଗ୍ ପୋର୍ଟଲ୍‌ର କ୍ଷମତାକୁ ସ୍ପଷ୍ଟ ଭାବେ ଦେଖାଇବ |

250,000 ନିବାସୀ ଥିବା ଭୌଗୋଳିକ କ୍ଷେତ୍ର, ଯେପରି ମୋଞ୍ଚେଲ୍‌ଗ୍ଲାବାକ୍ (ଜର୍ମାନୀ) ଭଳି ସହରରେ ପରିସଂଖ୍ୟାନ ହିସାବରେ ପାଖାପାଖି 125,000 ପରିବାର (ପରିବାର ପ୍ରତି 2 ଜଣ ନିବାସୀ) | ସ୍ଥାନାନ୍ତରଣର ହାରାହାରି ହାର ହେଉଛି ପ୍ରାୟ 10% | ଏହାର ଅର୍ଥ 12,500 ପରିବାର ପ୍ରତି ବର୍ଷ | ମୋଞ୍ଚେଲ୍‌ଗ୍ଲାବାକ୍‌କୁ ଆସୁଥିବା କିମ୍ବା ଏଠାରୁ ଯାଉଥିବା ଲୋକମାନଙ୍କ ଅଂଶକୁ ଏଠାରେ ଗ୍ରହଣକୁ ନିଆଯାଇନାହିଁ | ହାରାହାରି 10,000 ପରିବାର (୪0%) ଭଡା ସମ୍ପତ୍ତି ପାଇଁ ଖୋଜିଥାଆନ୍ତି ଓ ପ୍ରାୟ 2,500 ପରିବାର (20%) ସମ୍ପତ୍ତି ବିକ୍ରି ପାଇଁ ଖୋଜିଥାଆନ୍ତି |

ମୋଞ୍ଚେଲ୍‌ଗ୍ଲାବାକ୍ ସହରର ଉପଦେଷ୍ଟା କମିଟିର ସମ୍ପତ୍ତି ମାର୍କେଟ୍ ରିପୋର୍ଟ ଅନୁସାରେ, 2012ରେ 2,613 ରିଅଲ୍ ଇଷ୍ଟେଟ୍ କିଣାଯାଇଥିଲା | ଏହା ପୂର୍ବରେ ଉଲ୍ଲେଖ କରାଯାଇଥିବା ସଂଖ୍ୟା 2,500 ସମ୍ଭାବ୍ୟ କ୍ରେତାଙ୍କୁ ନିଶ୍ଚିତ କରୁଛି | ଏହା ଅଧିକ ହୋଇପାରେ, କିନ୍ତୁ ସମସ୍ତ ସମ୍ଭାବ୍ୟ କ୍ରେତା ସେମାନଙ୍କର ଆଦର୍ଶ ସମ୍ପତ୍ତି ପାଇବାରେ ସକ୍ଷମ ହେଉନାହାନ୍ତି | ଇଚ୍ଛିତ ସମ୍ଭାବ୍ୟ କ୍ରେତାଙ୍କ ବାସ୍ତବ ସଂଖ୍ୟା-କିମ୍ବା, ବିଶେଷ ଭାବେ ସର୍ଚ୍ଚ ପ୍ରୋଫାଇଲ୍ ସଂଖ୍ୟା- ପ୍ରାୟ 10%ର ସ୍ଥାନାନ୍ତରଣର ପ୍ରାୟ ଦୁଇ ଗୁଣ ଭାବେ ଆକଳନ କରାଯାଏ ଯେପରି 25,000 ସର୍ଚ୍ଚ ପ୍ରୋଫାଇଲ୍ | ଏଥିରେ ରିଅଲ୍ ଇଷ୍ଟେଟ୍ ମ୍ୟାଚିଙ୍ଗ୍ ପୋର୍ଟାଲରେ ସମ୍ଭାବ୍ୟ କ୍ରେତାମାନେ ଏକାଧିକ ସର୍ଚ୍ଚ ପ୍ରୋଫାଇଲ୍ ସେଟ୍ କରିବାର ସମ୍ଭାବନା ଅନ୍ତର୍ଭୁକ୍ତ |

ଅଭିଜ୍ଞତାରୁ ଏହା ଉଲ୍ଲେଖ କରିବା ମୂଲ୍ୟବାନ ଯେ, ସମସ୍ତ ସମ୍ଭାବ୍ୟ କ୍ରେତା ଓ ରେଣ୍ଟର୍‌ମାନଙ୍କ ମଧ୍ୟରୁ ପ୍ରାୟ ଅଧା ବର୍ତ୍ତମାନ ପର୍ଯ୍ୟନ୍ତ ଜଣେ ରିଅଲ୍ ଇଷ୍ଟେଟ୍ ଏଜେଣ୍ଟଙ୍କ ସହ କାମ କରି ସେମାନଙ୍କ ସମ୍ପତ୍ତି ପାଇସାରିଛନ୍ତି; ଯାହା ହେଉଛି 6,250 ପରିବାର |

ଅତୀତର ଅଭିଜ୍ଞତା ଦର୍ଶାଉଛି ଯେ ରିଅଲ୍ ଇଷ୍ଟେଟ୍ ଖୋଜୁଥିବା ସମସ୍ତ ପରିବାରର ଅତି କମରେ 70% ଏହାକୁ ଇଣ୍ଟର୍ନେଟ୍‌ରେ ରିଅଲ୍ ଇଷ୍ଟେଟ୍

ପୋର୍ଟାଲ୍ ଦ୍ୱାରା ଦେଖିଥାଆନ୍ତି, ଯାହା ହେଉଛି ମୋଟ 8,750 ପରିବାର (17,500 ସର୍ଚ୍ଚ ପ୍ରୋଫାଇଲ୍ ଅନୁରୂପ) |

ଯଦି ମୋଞ୍ଚେଲ୍‌ଗ୍ଲାବାକ୍ ଭଳି ସହରରେ ସମସ୍ତ ସମ୍ଭାବ୍ୟ କ୍ରେତା ଓ ବିକ୍ରେତାଙ୍କ 30% ଯାହା କି 3,750 ପରିବାର (ବା 7,500 ସର୍ଚ୍ଚ ପ୍ରୋଫାଇଲ୍) ଏକ ରିଅଲ୍ ଇଷ୍ଟେଟ୍ ମ୍ୟାଚିଙ୍ଗ୍ ପୋର୍ଟାଲ୍ (ଆପ୍) ରେ ଏକ ସର୍ଚ୍ଚ ପ୍ରୋଫାଇଲ୍ ସେଟ୍ କରିଥିଲେ, ସଂଯୁକ୍ତ ରିଅଲ୍ ଇଷ୍ଟେଟ୍ ଏଜେଣ୍ଟ ସମ୍ଭାବ୍ୟ କ୍ରେତା ଯିଏ କି 1,500 ବିଶେଷ ସର୍ଚ୍ଚ ପ୍ରୋଫାଇଲ୍ (20%) ଓ ସମ୍ଭାବ୍ୟ ରେଣ୍ଟର୍ ଯିଏ କି 6,000 ବିଶେଷ ସର୍ଚ୍ଚ ପ୍ରୋଫାଇଲ୍ (80%) ଙ୍କୁ ପସନ୍ଦର ସମ୍ପତ୍ତି ପ୍ରଦାନ କରିପାରିବେ |

ଏହାର ଅର୍ଥ 10 ମାସର ହାରାହାରି ଖୋଜିବା ଅବଧି ଓ ସମ୍ଭାବ୍ୟ କ୍ରେତା କିମ୍ବା ରେଣ୍ଟର୍‌ମାନଙ୍କ ଦ୍ୱାରା ସେଟ୍ ଅପ୍ କରାଯାଉଥିବା ପ୍ରତି ସର୍ଚ୍ଚ ପ୍ରୋଫାଇଲ୍ ପାଇଁ ମାସିକ 50 ୟୁରୋର ଏକ ନମୁନା ମୂଲ୍ୟ ସହ, 250,000 ନିବାସୀ ଥିବା ଏକ ସହର ପାଇଁ 7,500 ସର୍ଚ୍ଚ ପ୍ରୋଫାଇଲ୍ ସହ ବର୍ଷକୁ ୩ 3,750,000 ର ଏକ ବିକ୍ରି କ୍ଷମତା ଥାଏ |

ଏହାକୁ ଜର୍ମାନୀ ସାରା ବହିର୍ବେଶ କରି ଯାହାର ନିବାସୀ ସଂଖ୍ୟା ପ୍ରାୟ 80,000,000 (80 ମିଲିୟନ୍), ଏହା ଦ୍ୱାରା ବର୍ଷକୁ 1,200,000,000

(1.2 ବିଲିୟନ୍ ୟୁରୋ) ୟୁରୋର ଏକ ବିକ୍ରି କ୍ଷମତା ହୋଇପାରେ | ଯଦି 30% ବଦଳରେ ରିଅଲ୍ ଇଷ୍ଟେଟ୍ ମ୍ୟାଚିଙ୍ଗ୍ ପୋର୍ଟାଲ୍ ମାଧ୍ୟମରେ ସମସ୍ତ ସମ୍ଭାବ୍ୟ କ୍ରେତା କିମ୍ବା ରେଣ୍ଟର୍‌ମାନଙ୍କ ମଧ୍ୟରୁ 40% ସେମାନଙ୍କ ରିଅଲ୍ ଇଷ୍ଟେଟ୍ ଖୋଜନ୍ତି. ତେବେ ଏହି ବିକ୍ରି କ୍ଷମତା ବର୍ଷକୁ 1,600,000,000 (1.6 ବିଲିୟନ୍) ୟୁରୋ ହୋଇପାରିବ |

ବିକ୍ରି କ୍ଷମତା କେବଳ ମାଲିକ ଅଧିକୃତ ଆପାର୍ଟମେଣ୍ଟ ଓ ଘରକୁ ସୂଚାଉଛି | ଆବାସିକ ରିଅଲ୍ ଇଷ୍ଟେଟ୍ ସେକ୍ଟର୍ ପାଇଁ ରେଣ୍ଟାଲ୍‌ଓ ଇନଭେଷ୍ଟମେଣ୍ଟ ସମ୍ପତ୍ତି ଓ ମୋଟ ବ୍ୟବସାୟିକ ରିଅଲ୍ ଇଷ୍ଟେଟ୍ ସେକ୍ଟର୍ ଏହି କ୍ଷମତା ହିସାବରେ ଅନ୍ତର୍ଭୁକ୍ତ ହୋଇନାହିଁ|

ଜର୍ମାନୀରେ 50,000 କମ୍ପାନୀ ରିଅଲ୍ ଇଷ୍ଟେଟ୍ ବ୍ରୋକରେଜ୍ ବ୍ୟବସାୟ (ରିଅଲ୍ ଇଷ୍ଟେଟ୍ ଏଜେନ୍ସି,, ନିର୍ମାଣ କମ୍ପାନୀ, ରିଅଲ୍ ଇଷ୍ଟେଟ୍ ଟ୍ରେଡର୍‌ସ ଓ ଅନ୍ୟ ରିଅଲ୍ ଇଷ୍ଟେଟ୍ କମ୍ପାନୀକୁ ଅନ୍ତର୍ଭୁକ୍ତ କରି)ରେ ଅଛନ୍ତି, ପ୍ରାୟ 200,000 କର୍ମଚାରୀ ଓ ଏହି 50,000 କମ୍ପାନୀଗୁଡିକର 20% ଭାଗ ହାରାହାରି 2ଟି ଲାଇସେନ୍ସ ସହ ଏହି ରିଅଲ୍ ଇଷ୍ଟେଟ୍ ମ୍ୟାଚିଙ୍ଗ୍ ପୋର୍ଟାଲ୍ ବ୍ୟବହାର କରୁଛନ୍ତି, ଯାହା ଫଳରେ (ଲାଇସେନ୍ସ ପ୍ରତି 300 ୟୁରୋର ନମୁନା ମୂଲ୍ୟ ଲଗାଇ) ବର୍ଷକୁ 72,000,000 ୟୁରୋ (72 ମିଲିଅନ

ୟୁରୋ)ର ଏକ ବିକ୍ରି କ୍ଷମତା ହୋଇଥାଏ | ଆହୁରିମଧ୍ୟ, ଯଦି ସ୍ଥାନୀୟ ସର୍ଚ ପ୍ରୋଫାଇଲ୍‌ର ଆଞ୍ଚଳିକ ବୁକିଂ କାର୍ଯ୍ୟାନ୍ୱୟନ କରାଯାଏ, ଡିଜାଇନ୍ ଉପରେ ନିର୍ଭର କରି ଏକ ତାତ୍ପର୍ଯ୍ୟପୂର୍ଣ୍ଣ ଅତିରିକ୍ତ ବିକ୍ରି କ୍ଷମତା ସୃଷ୍ଟି ହୋଇପାରେ |

ବିଶେଷ ସର୍ଚ ପ୍ରୋଫାଇଲ୍ ସହ ସମ୍ଭାବ୍ୟ କ୍ରେତା ଓ ରେଣ୍ଟର୍‌ମାନଙ୍କ ବିଶାଳ କ୍ଷମତା ସହିତ, ରିଅଲ୍ ଇଷ୍ଟେଟ୍ ଏଜେଣ୍ଟମାନଙ୍କୁ ସେମାନଙ୍କ ଇଚ୍ଛିତ ପାର୍ଟିମାନଙ୍କ ଡେଟାବେସ୍‌କୁ ଅପଡେଟ୍ କରିବାର ଆଉ ଆବଶ୍ୟକତା ନାହିଁ | ଏହା ସହିତ, ଅନେକ ରିଅଲ୍ ଇଷ୍ଟେଟ୍ ଏଜେଣ୍ଟଙ୍କ ଦ୍ୱାରା ସେମାନଙ୍କ ନିଜର ଡେଟାବେସ୍ ରେ ଥିବା ସର୍ଚ ପ୍ରୋଫାଇଲ୍ ସଂଖ୍ୟା ଠାରୁ ବର୍ତ୍ତମାନର ସର୍ଚ ପ୍ରୋଫାଇଲ୍ ସଂଖ୍ୟା ଅଧିକ ହେବାର ବହୁତ ସମ୍ଭାବନା ଅଛି |

ଯଦି ଏହି ଅଭିନବ ରିଅଲ୍ ଇଷ୍ଟେଟ୍ ମ୍ୟାଚିଙ୍ଗ୍ ପୋର୍ଟାଲ୍ ଅନେକ ଦେଶଗୁଡିକରେ ବ୍ୟବହାର ହେଉଥିଲା, ଉଦାହରଣ ସ୍ୱରୂପ ଜର୍ମାନୀର ସମ୍ଭାବ୍ୟ କ୍ରେତାମାନେ ମେଡିଟେରିଆନ୍ ଆଇଲାଣ୍ଡ ଅଫ୍ ମାଜୋର୍କା (ସ୍ପେନ୍)ରେ ଖାଲି ଆପାର୍ଟମେଣ୍ଟ ପାଇଁ ଏକ ସର୍ଚ ପ୍ରୋଫାଇଲ୍ ତିଆରି କରୁଛନ୍ତି ଓ ମାଜୋର୍କାର ସଂଯୁକ୍ତ ରିଅଲ୍ ଇଷ୍ଟେଟ୍ ଏଜେଣ୍ଟ ମାନେ ତାଙ୍କର ସମ୍ଭାବ୍ୟ ଜର୍ମାନୀ ଗ୍ରାହକମାନଙ୍କୁ ସେମାନଙ୍କ ମେଳ ହେଉଥିବା

ଆପାର୍ଟମେଣ୍ଟକୁ ଇ-ମେଲ୍ ମାଧ୍ୟମରେ ପଠାଇପାରିବେ | ଯଦି ରିପୋର୍ଟଗୁଡିକ ସ୍ପାନିସ୍ ଭାଷାରେ ଥାଏ, ଆଜିକାଲି ସମ୍ଭାବ୍ୟ ରେଣ୍ଟର୍‌ମାନେ ଇଣ୍ଟର୍ନେଟ୍‌ର ଏକ ଟ୍ରାନ୍ସଲେସନ୍ ପ୍ରୋଗ୍ରାମ୍ ବ୍ୟବହାର କରି ଏହାକୁ ସଙ୍ଗେସଙ୍ଗେ ଜର୍ମାନୀ ଭାଷାରେ ଅନୁବାଦକରିପାରିବେ |

ଭାଷା ପ୍ରତିବନ୍ଧକ ବିନା ଉପଲବ୍ଧ ଥିବା ସର୍ଚ ପ୍ରୋଫାଇଲ୍ ର ମ୍ୟାଚିଙ୍ଗକୁ କାର୍ଯ୍ୟନ୍ୱୟନ କରିବା ପାଇଁ, ଯେକୌଣସି ଭାଷା ପାଇଁ ପ୍ରୋଗ୍ରାମ ହୋଇଥିବା (ଗାଣିତିକ) ବିଶେଷତା ଆଧାରରେ ରିଅଲ୍ ଇଷ୍ଟେଟ୍ ମ୍ୟାଚିଙ୍ଗ୍ ପୋର୍ଟାଲେ୍‌ର ସେହି ବିଶେଷତାଗୁଡିକର ତୁଳନା କରି ଶେଷରେ ପ୍ରାସଙ୍ଗିକ ଭାଷାରେ ଏହା ପ୍ରଦାନ କରିହେବ |

ସମସ୍ତ ମହଦେଶରେ ରିଅଲ୍ ଇଷ୍ଟେଟ୍ ମ୍ୟାଚିଙ୍ଗ ପୋର୍ଟାଲ୍ ବ୍ୟବହାର କରିବା ସମୟରେ, ପୂର୍ବରେ ଉଲ୍ଲେଖ ଥିବା ବିକ୍ରି କ୍ଷମତା (କିଏବଳ ଖୋଜିବାରେ ଇଚ୍ଛିତ ମାନଙ୍କ ପାଇଁ) ବହିର୍ବେଶ ହୋଇପାରିବ ଯାହା ନିମ୍ନ ଭାବରେ ଦେଖାଯିବ |

ବିଶ୍ୱ ଜନସଂଖ୍ୟା

7,500,000,000 (7.5 ବିଲିୟନ) ନିବାସୀ

1. ଔଦ୍ୟୋଗୀକୃତ ଓ ବଡ ଔଦ୍ୟୋଗୀକୃତ ଦେଶଗୁଡିକର ଜନସଂଖ୍ୟା:

   2,000,000,000 (2.0 ବିଲିୟନ) ନିବାସୀ

2. ବଢୁଥିବା ଦେଶଗୁଡିକର ଜନସଂଖ୍ୟା:

   4,000,000,000 (4.0 ବିଲିୟନ) ନିବାସୀ

3. ବିକାଶଶୀଳ ଦେଶଗୁଡିକର ଜନସଂଖ୍ୟା:

   1,500,000,000 (1.5 ବିଲିୟନ) ନିବାସୀ

ଜର୍ମାନୀର ୫0 ମିଲିୟନ ନିବାସୀଙ୍କ ପାଇଁ ବାର୍ଷିକ ବିକ୍ରି କ୍ଷମତା ପରିବର୍ତ୍ତନ କରାଯାଇ 1.2 ବିଲିୟନ ୟୁଓରେ ପରିଯୋଜନା କରାଯାଇଛି ଯେଉଁଥିରେ

ଔଦ୍ୟୋଗୀକୃତ, ବଢୁଥିବା ଓ ବିକାଶଶୀଳ ଦେଶମାନଙ୍କ ପାଇଁ ନିମ୍ନ କାରକଗୁଡିକ ଗ୍ରହଣ କରାଯାଇଛି |

1. ଔଦ୍ୟୋଗୀକୃତ ଦେଶଗୁଡିକ: 1.0

2. ବଢୁଥିବା ଦେଶଗୁଡିକ: 0.4

3. ବିକାଶଶୀଳ ଦେଶଗୁଡିକ: 0.1

ଫଳାଫଳ ହେଉଛି ନିମ୍ନ ବାର୍ଷିକ ବିକ୍ରି କ୍ଷମତା (1.2 ବିଲିୟନ ୟୁରୋ x ଜନସଂଖ୍ୟା (ଔଦ୍ୟୋଗୀକୃତ, ବଢୁଥିବା କିମ୍ବା ବିକାଶଶୀଳ ଦେଶ) / ୪0 ମିଲିୟନ ନିବାସୀ X କାରକ) |

1. ଔଦ୍ୟୋଗୀକୃତ ଦେଶଗୁଡିକ:	ୟୁରୋ 30.00 ବିଲିୟନ
2. ବଢୁଥିବା ଦେଶଗୁଡିକ:	ୟୁରୋ 24.00 ବିଲିୟନ
3. ବିକାଶଶୀଳ ଦେଶଗୁଡିକ:	ୟୁରୋ 2.25 ବିଲିୟନ
ମୋଟ	**ୟୁରୋ 56.25 ବିଲିୟନ**

୨. ଉପସଂହାର

ବର୍ଣ୍ଣନା କରାଯାଇଥିବା ରିଅଲ୍ ଇଷ୍ଟେଟ୍ ମ୍ୟାଚିଙ୍ଗ୍ ପୋର୍ଟାଲ୍ ରିଅଲ୍ ଇଷ୍ଟେଟ୍ ଖୋଜୁଥିବା (ଇଚ୍ଛିତ ପାର୍ଟିମାନେ) ଓ ରିଅଲ୍ ଇଷ୍ଟେଟ୍ ଏଜେଣ୍ଟମାନଙ୍କ ପାଇଁ ଅନେକ ସୁବିଧ ପ୍ରଦାନ କରେ |

1. ଇଚ୍ଛିତ ପାର୍ଟିମାନେ ସେମାନଙ୍କ ପାଇଁ ଉପଯୁକ୍ତ ସମ୍ପତ୍ତି ଖୋଜିବାରେ ଖର୍ଚ୍ଚ ହେଉଥିବା ସମୟ ବହୁତ କମିଯିବ କାରଣ ସେମାନେ କେବଳ ସେମାନଙ୍କ ସର୍ଚ ପ୍ରୋଫାଇଲ୍‌କୁ ଥରେ ତିଆରି କରିବେ |
2. ରିଅଲ୍ ଇଷ୍ଟେଟ୍ ଏଜେଣ୍ଟ ସମ୍ଭାବ୍ୟ କ୍ରେତା କିମ୍ବା ରେଣ୍ଟର୍‌ମାନଙ୍କ ସଂଖ୍ୟା ତଥା ସେମାନଙ୍କ ବିଶେଷ ଆବଶ୍ୟକତା (ସର୍ଚ ପ୍ରୋଫାଇଲ୍) ତଥ୍ୟ ଦେଖିପାରିବେ |
3. ଇଚ୍ଛିତ ପାର୍ଟିମାନେ ସମସ୍ତ ରିଅଲ୍ ଇଷ୍ଟେଟ୍ ଏଜେଣ୍ଟମାନଙ୍କ ଠାରୁ (ଏକ ଅଟୋମେଟିକ୍ ପ୍ରି-ସିଲେକ୍ସନ୍ ଭଳି) କେବଳ ବାଞ୍ଛିତ ବା ମେଳ ହେଉଥିବା ସମ୍ପତ୍ତି (ସର୍ଚ ପ୍ରୋଫାଇଲ୍ ଉପରେ ଆଧାର କରି) ପାଇବେ |

4. ରିଅଲ୍ ଇଷ୍ଟେଟ୍ ଏଜେଣ୍ଟମାନଙ୍କୁ ସେମାନଙ୍କ ନିଜର ସର୍ଚ୍ଚ ପ୍ରୋଫାଇଲ୍‌ର ଡେଟାବେସ୍ ରଖିବାର କଷ୍ଟ କରିବାକୁ ପଡିବ ନାହିଁ କାରଣ ପୂର୍ବରୁ ସ୍ଥାୟୀ ଭାବେ ଅନେକ ସର୍ଚ୍ଚ ପ୍ରୋଫାଇଲ୍ ଉପଲବ୍ଧ ରହିବ |

5. ଯେହେତୁ କେବଳ ବ୍ୟବସାୟିକ ପ୍ରଦାନକାରୀ/ରିଅଲ୍ ଇଷ୍ଟେଟ୍ ଏଜେଣ୍ଟମାନେ ରିଅଲ୍ ଇଷ୍ଟେଟ୍ ମ୍ୟାଚିଙ୍ଗ୍ ପୋର୍ଟାଲ୍ ସହ ସଂଯୁକ୍ତ ହୋଇପାରିବେ, ସମ୍ଭାବ୍ୟ କ୍ରେତା କିମ୍ବା ରେଣ୍ଟର୍‌ମାନେ ଅଭିଜ୍ଞ ରିଅଲ୍ ଇଷ୍ଟେଟ୍ ଏଜେଣ୍ଟମାନଙ୍କ ସହ କାମ କରିପାରିବେ |

6. ରିଅଲ୍ ଇଷ୍ଟେଟ୍ ଏଜେଣ୍ଟମାନେ ସେମାନଙ୍କ ଦେଖିବା ଆପଏଣ୍ଟମେଣ୍ଟ ଓ ମୋଟ ମାର୍କେଟିଙ୍ଗ ଅବଧି କମାଇବେ | ଏହା ସହ, ସମ୍ଭାବ୍ୟ କ୍ରେତା କିମ୍ବା ରେଣ୍ଟର୍‌ମାନଙ୍କ ଦେଖିବା ଆପଏଣ୍ଟମେଣ୍ଟ ତଥା ଏକ କ୍ରୟ ଚୁକ୍ତି କିମ୍ବା ଲିଜ୍ ସମ୍ପୂର୍ଣ୍ଣ କରିବା ପାଇଁ ଆବଶ୍ୟକ ସମୟ କମିଥାଏ |

7. ବିକ୍ରି ହେବା କିମ୍ବା ଭଡା ଲାଗିବା ସମ୍ପତ୍ତିର ମାଲିକଙ୍କ ସମୟ ମଧ୍ୟ ବଞ୍ଚିଥାଏ | ଏହା ସହ ଆର୍ଥିକ ସୁବିଧା ମଧ୍ୟ ମିଳିବ, ଶୀଘ୍ର ଭଡା କିମ୍ବା ବିକ୍ରି ଫଳରେ ଭଡା ଦିଆଯିବା ସମ୍ପତ୍ତି ପାଇଁ କମ୍ ଖାଲି

ରହିବା ସମୟ ଓ ବିକ୍ରି ହେବା ପାଇଁ ଥିବା ସମ୍ପତ୍ତିର କ୍ରୟ ଟଙ୍କା ଶୀଘ୍ର ମିଳିବ |

ରିଅଲ୍ ଇଷ୍ଟେଟ୍ ମ୍ୟାଚିଙ୍ଗ୍ ରେ ଏହି ଧାରଣ କାର୍ଯ୍ୟାନ୍ୱୟନ କରିବା ଦ୍ୱାରା, ରିଅଲ୍ ଇଷ୍ଟେଟ୍ ବ୍ରୋକରେଜରେ ପ୍ରଗତି ହାସଲ କରାଯାଇପାରିବ |

10. ରିଅଲ୍ ଇଷ୍ଟେଟ୍ ମୂଲ୍ୟାୟନକୁଅର୍ନ୍ତଭୁକ୍ତ କରି ରିଅଲ୍ ଇଷ୍ଟେଟ୍ ମ୍ୟାଚିଙ୍ଗ ପୋର୍ଟାଲ୍‌କୁ ନୂଆ ରିଅଲ୍ ଇଷ୍ଟେଟ୍ ଏଜେନ୍ସି ସଫ୍ଟୱେୟାର ସହିତ ଏକାଠି କରିବା

ଏକ ଶେଷ ଟିପ୍ପଣୀ ଭାବରେ, ଏକ ନୂଆ ବିଶ୍ୱସ୍ତରରେ ଉପଲବ୍ଧ ରିଅଲ୍ ଇଷ୍ଟେଟ୍ ଏଜେନ୍ସି ସଫ୍ଟୱେୟାରର ପ୍ରଥମରୁ ଏକ ମହତ୍ୱପୂର୍ଣ୍ଣ ଉପାଦାନ ଭାବେ ରିଅଲ୍ ଇଷ୍ଟେଟ୍ ମ୍ୟାଚିଙ୍ଗ ପୋର୍ଟାଲ୍‌କୁ ବର୍ଣ୍ଣନା କରାଯାଇପାରିବ | ଏହାର ଅର୍ଥ ରିଅଲ୍ ଇଷ୍ଟେଟ୍ ଏଜେଣ୍ଟମାନେ ସେମାନଙ୍କ ପୂର୍ବରୁ ଉପଲବ୍ଧ ଥିବା ରିଅଲ୍ ଇଷ୍ଟେଟ୍ ଏଜେନ୍ସି ସଫ୍ଟୱେୟାର ସଲ୍ୟୁସନ୍ସ ସହ ରିଅଲ୍ ଇଷ୍ଟେଟ୍ ମ୍ୟାଚିଙ୍ଗ ପୋର୍ଟାଲ୍ କୁ ବ୍ୟବହାର କରିପାରିବେ କିମ୍ବା ରିଅଲ୍ ଇଷ୍ଟେଟ୍ ମ୍ୟାଚିଙ୍ଗ ପୋର୍ଟାଲ୍ ସହ ଆଦର୍ଶ ଭାବେ ଏହି ନୂଆ ରିଅଲ୍ ଇଷ୍ଟେଟ୍ ଏଜେନ୍ସି ସଫ୍ଟୱେୟାର ସଲ୍ୟୁସନ୍ସକୁ ବ୍ୟବହାର କରିପାରିବେ |

ଏହି ପ୍ରଭାବଶାଳୀ ଓ ଅଭିନବ ରିଅଲ୍ ଇଷ୍ଟେଟ୍ ମ୍ୟାଚିଙ୍ଗ ପୋର୍ଟାଲ୍‌କୁ ଏକ ନୂଆ ରିଅଲ୍ ଇଷ୍ଟେଟ୍ ଏଜେନ୍ସି ସଫ୍ଟୱେୟାର ରେ ମିଶାଇ, ରିଅଲ୍ ଇଷ୍ଟେଟ୍ ଏଜେନ୍ସି ସଫ୍ଟୱେୟାର ପାଇଁ ଏକ ମୌଳିକ ଅଦ୍ୱିତୀୟ ବିକ୍ରି ପଏଣ୍ଟ ତିଆରି କରାଯାଇଛି ଯାହା ମାର୍କେଟ୍ ପେନିଟ୍ରେସନ୍ ପାଇଁ ଗୁରୁତ୍ୱପୂର୍ଣ୍ଣ |

ଯେହେତୁ ରିଅଲ୍ ଇଷ୍ଟେଟ୍ ମୂଲ୍ୟାୟନ ଏକ ରିଅଲ୍ ଇଷ୍ଟେଟ୍ ଏଜେନ୍ସିର ଏକ ଅତ୍ୟାବଶ୍ୟକ ଉପାଦାନ ହୋଇ ରହିଛି ଓ ରହିବ, ରିଅଲ୍ ଇଷ୍ଟେଟ୍ ଏଜେନ୍ସି ସଫ୍ଟୱେୟାର ଏକ ମିଳିତ ରିଅଲ୍ ଇଷ୍ଟେଟ୍ ମୂଲ୍ୟାୟନ ଉପକରଣ ଦେଖାଇବା ଆବଶ୍ୟକ | ରିଅଲ୍ ଇଷ୍ଟେଟ୍ ମୂଲ୍ୟାୟନ ତତ୍ ସମ୍ବନ୍ଧୀୟ ହିସାବ ପଦ୍ଧତି ସହ ଥାଏ ଯାହା ରିଅଲ୍ ଇଷ୍ଟେଟ୍ ଏଜେନ୍ସି ଗୁଡିକ ଏଣ୍ଟର୍ କରିଥିବା / ସେଭ୍ କରିଥିବା ସମ୍ପତ୍ତିରୁ ପ୍ରାସଙ୍ଗିକ ତଥ୍ୟ ପରିମାପ ଆକ୍ସେସ୍ କରିପାରିବ | ସେହିପରି, ରିଅଲ୍ ଇଷ୍ଟେଟ୍ ଏଜେଣ୍ଟ ତାଙ୍କ ନିଜର ମାର୍କେଟ୍ ପ୍ରବୀଣତା ଦ୍ୱାରା ନଥିବା ପରିମାପକୁ ସଜାଡି ପାରିବେ |

ଆହୁରିମଧ୍ୟ, ଉପଲବ୍ଧ ଥିବା ସମ୍ପତ୍ତିର ପ୍ରକୃତ ରିଅଲ୍ ଇଷ୍ଟେଟ୍ ଟୁର୍‌କୁ ରିଅଲ୍ ଇଷ୍ଟେଟ୍ ଏଜେନ୍ସି ସଫ୍ଟୱେୟାରରେ ଯୋଡିବାର ବିକଳ୍ପ ରହିବା ଆବଶ୍ୟକ | ମୋବାଇଲ୍ ଫୋନ୍ ଏବଂ/ କିମ୍ବା ଟାବ୍ଲେଟ୍‌ଗୁଡିକ ପାଇଁ ଏକ ଅତିରିକ୍ତ ଆପ୍ ତିଆରି କରି ଏହା ସହଜ କାର୍ଯ୍ୟାନ୍ୱୟନ କରାଯାଇପାରିବ ଯାହା ମୁଖ୍ୟତଃ ଅଟୋମେଟିକ୍ ଭାବରେ ରିଅଲ୍ ଇଷ୍ଟେଟ୍ ଏଜେନ୍ସି ସଫ୍ଟୱେୟାରରେ ପ୍ରକୃତ ରିଅଲ୍ ଇଷ୍ଟେଟ୍ ଟୁର୍‌କୁ ରେକର୍ଡ ଓ ପରେ ମିଶାଇ ପାରିବ ବା ଅନ୍ତର୍ଭୁକ୍ତ କରିପାରିବ |

ଯଦି ଏହି ପ୍ରଭାବଶାଳୀ ଓ ଅଭିନବ ରିଅଲ୍ ଇଷ୍ଟେଟ୍ ମ୍ୟାଚିଙ୍ଗ୍ ପୋର୍ଟଲ୍ ରିଅଲ୍ ଇଷ୍ଟେଟ୍ ମୂଲ୍ୟ ନିରୂପଣ କରିବା ସହ ଏକ ନୂଆ ରିଅଲ୍ ଇଷ୍ଟେଟ୍ ଏଜେନ୍ସି ସଫ୍ଟଓୟାର ମଧ୍ୟରେ ଅନ୍ତର୍ଭୁକ୍ତ କରିପାରିବେ, ସମ୍ଭାବ୍ୟ ବିକ୍ରି କ୍ଷମତା ଆହୁରି ଅଧିକ ବଢିପାରିବ |

ମାଥିଆସ୍ ଫିଡଲର୍

କୋର୍ସେନ୍‌ବ୍ରୋଇକ୍, 10/31/2016

ମାଥିଆସ୍ ଫିଡଲର୍

ଏରିକା-ଭନ୍-ବ୍ରକ୍‌ଡର୍ଫ୍-ଷ୍ଟ୍ରିଟ୍. 19

41352 କୋର୍ସେନ୍‌ବ୍ରୋଇକ୍

ଜର୍ମାନୀ

www.matthiasfiedler.net

www.ingramcontent.com/pod-product-compliance
Lightning Source LLC
Chambersburg PA
CBHW071531210326
41597CB00018B/2964
* 9 7 8 3 9 4 7 1 8 4 6 6 8 *